EDICT,

DECLARATION

ET ARREST,

Portans ampliation & pouuoir aux Huissiers & Sergens d'exploicter par tout le Royaume, nonobstant la distinction des ressorts où ils sont establis, & la residence qui leur est limitée par leurs prouisions.

A PARIS,

Chez P. Des-Hayes, & A. Cellier, ruë de la Harpe, aux Gands Couronnez, prés la Roze Rouge.

___

M. DC. LVII.

(5)

Edict portant attribution à tous les Huissiers & Sergens, d'exploiter par tout le Royaume, nonobstant la distinction des ressorts où ils sont establis, & la residence qui leur est limitée par leurs prouisions.

Verifié en Parlement le 16. Iuin 1586.

HENRY par la grace de Dieu, Roy de France & de Pologne, à tous presens & à venir, Salut. Les feus Roys nos predecesseurs d'heureuse memoire, que Dieu absolue; considerans cy-deuant, que la sincere administration de la Iustice estoit vn des principaux moyens pour tenir leurs peuples en deuoir, & regner pacifiquement, auroient d'ancienneté estably Iuges & Magistrats pour l'exercice de ladite Iustice és lieux où se trouuoit en estre besoin. Mais parce que les Ordonnances & Iugemens de ces Iuges & Magistrats sembloient demeurer inutils, pour n'estre par le ministere d'autrui, signifiez & executez selon qu'il estoit

Iannier 1586.

A ij

requis, nofdits predeceffeurs Roys, auroient auffi creé & eftably prés defdits
Iuges & és autres lieux, Villes & Villages
de l'eftenduë de leurs reſſorts & Iurifdictions, des Sergens Royaux, auec pouuoir de mettre à execution ſeulement, les
Ordonnances & Iugemens defdits Iuges, enſemble les contracts & obligations
paſſées ſous les Seaux eſtablis és lieux de
leur reſidence. Choſe qui a toutesfois ap-
porté telle longueur & incommodité à
nos Subjets, leſquels pour eſtre contraints
prendre de lieu en lieu des Sergens, ſont
conſtituez en infinis frais, Que le plus
ſouuent les Iugemens & obligatiõs qu'ils
deſiroient faire mettre à executions, leur
demeuroient inutils. Ce qu'ayant eſté re-
monſtré au feu Roy Charles, dernier de-
cedé, noſtre tres-cher Sieur & Frere, il
auroit pour à ce pouruoir par ſon Edict
du mois de May 1568. & Declaration du
ynziéme iour de Septembre enſuiuant,
verifiez où beſoin a eſté, Voulu & ordonné, Que nos Huiſſiers & autres Sergens
Royaux és Bailliages, Seneſchauſſées &
autres Iurifdictions ordinaires & Royales, pourroient mettre à execution, en
tous les lieux & endroicts de ce Royau-

me & pays de noſtre obeyſſance, tous Arreſts, Sentences, Iugemens, obligations
& tous autres actes giſans en execution,
ſans prendre ou demander aucun congé,
permiſſion, placet, viſa, pareatis : Et ou-
tre ce , creé encores par autre ſon Edict,
quelque nombre de Sergens à cheual, ou-
tre le nombre ancien, eſperant par ce
moyen releuer de cette premiere incommodité noſdits Sujets : leſquels toutefois
ſont demeurez priuez en cedit endroit de
la ſincere intention de noſtre feu Seigneur
& Frere, par la contention des autres Sergens, leſquels ont pertinacement pour-
ſuiuy la reuocation deſdits pouuoir &
augmentation, portée par noſtre Edict du
mois de Iuin 1579. Et parce que nous de-
ſirons, à l'imitation de noſdits predeceſ-
ſeurs Roys, ſoulager noſdits Subjets en
tout ce qui nous ſera poſſible : Et apres
auoir mis cét affaire en deliberation auec
les Gens de noſtredit Conſeil. AVONS
par ce preſent noſtre Edict perpetuel &
irreuocable, dit, declaré & ordonné, di-
ſons, declarons & ordonnons, voulons
& nous plaiſt, que toutes les executions
des lettres Patentes, expediées tant en noſtre grande Chancellerie , qu'autres de ce

Royaume, Arrests, Iugemens, Ordonnances & Commissions de nos Cours de
Parlemens, Cours des Aydes, Chambres
de nos Comptes,& autres nos Cours Souueraines, & semblablement les Sentences tant des Iuges du Tresor, Baillifs, Seneschaux, ou leurs Lieutenans, Sieges
Presidiaux, Gouuerneurs des Chancelleries,Preuosts,Chastelains, Eleus, Grands
Maistres de nos Eaux & Forests, Maistres
particuliers d'icelles & leurs Lieutenans,
Grenetiers des Greniers à Sel, que de
tous autres nos Iusticiers & Officiers
quelconques, soient doresnauant execu-
tez en ce qui concernera le ministre de
Sergens, par le premier des Huissiers en
nosdites Cours de Parlemens,des Aydes,
Chambres de nos Comptes, & autres
Cours Souueraines, des Eaux & Forests
& Iuges du Tresor, Sergens Royaux des
Bailliages, Seneschaussées, Preuostez,
Sieges Presidiaux, Elections, Greniers à
Sel, des Tailles & Taillon, Paroisses, Ser-
gens fieffez & autres pourueus de nous &
de nos predecesseurs Roys en toutes les
Iurisdictions ordinaires, extraordinaires
& Royales: Et ce,par tous les lieux & en-
droits de nostre Royaume, Pays, Terres

& Seigneuries de noſtre obeyſſance, que
beſoin ſera, ſans pour ce prendic ou demander aucun congé, permiſſion, placet,
viſa, ne pareatis : Nonobſtant la diſtin-
ction des reſſorts ſous leſquels leſdits
Huiſſiers & Sergens ont eſté eſtablis, ny
la reſidence qui leur eſt limitée par leurs
prouiſions & receptions eſdits Offices.
Voulons auſſi qu'auſdits Huiſſiers & Sergens allans exploiter hors l'eſtenduë de-
leurs Iuriſdictions, leur ſoit fait taxe ſuiuãt
noſtre Edict du mois de Iuin 1579. portant
reuocation d'icelle, ampliation & augmé-
tation dudit pouuoir cy-deuant attribué
auſd. Huiſſiers & Sergens, que nous auõs
reuoqué & reuoquons. Et afin que noſtre
preſente intention ſoit entierement ſui-
uie, defendons tres-expreſſement à tous
nos Iuges & Officiers, Scyndics & Procureurs des Eſtats de nos Prouinces, & à
tous autres, d'empeſcher ou retarder l'e-
xecution de noſdites Lettres, Arreſts, Sentences & Commiſſions, ſous pretexte dudit pareatis, ni autrement, à peine d'en ré-
pondre en leurs propres & priuez noms :
ſans toutefois que leſdits Huiſſiers & Sergens puiſſent changer le lieu de leur reſidence : ains ſeront tenus en faire expreſſe

A iiij

mention dans leurs procés verbaux & des Sieges & Iurisdictiõs où ils auront esté receus & immatriculez : gardant au surplus en faisant lesdits exploits, les Reglemens portez par nos Edicts & Ordonnances, à peine de nullité de tout ce qui seroit par eux fait au contraire. Et par ce que lesdits Huissiers & Sergens ne pourroient iouyr du pouuoir à eux attribué par ce nostre present Edict, sans prendre de nous Lettre d'ampliation, Nous voulons & entendons que dedans vn mois apres la publication des presentes pour tout delay, tous lesdits Huissiers & Sergens soient tenus prendre de nous, nos Lettres de permission pour iouyr dudit pouuoir, en nous payant la finance, à quoy pour raison de ce, ils seront taxez en nostredit Conseil, pour estre les deniers qui en prouiendront, employez en nos presens, vrgens & pressez affaires, quelques Lettres qu'ils puissent auoir cy-deuant obtenuës pour mesme effect, que ne voulons auoir lieu. Et où lesdits Huissiers ou Sergens seroient si peu affectionnez au soulagement du public, & à la commodité qu'ils peuuent receuoir de ladite augmentation de pouuoir, que negliger à venir prendre nosdi-

tes Lettres de permission dedans le temps
susdit, Entendons que iceluy passé ils ne
soient plus receus, ains qu'ils soient rem-
boursez de la finance qu'ils monstreront
auoir payée en nos Parties Casuelles, pour
la composition de leurs Offices, sans frau-
de ou deguisement, & de leurs loyaux
cousts, pour apres estre par nous pour-
ueu esdits Offices en leurs places, autres
personnes suffisantes & capables. Enjoi-
gnons tres-expressément à tous nos Iuges proceder contre ceux desdits Huissiers ou Sergens qui se trouueront auoir
exploité hors leurs ressorts & residence,
sans auoir obtenu nosdites Lettres de
permission, en vertu desdites presentes,
& ce par priuation de leursOffices,& sans
aucune moderation de peine. A quoy
mandons à nosProcureurs des lieux,tenir
la main, & en faire toutes les poursuites,
perquisitions & diligences qui seront re-
quises, mesmes enuoyer le iugement qui
interuiendra,selon que dessus est dit à nostre Procureur au Siege où ledit Huissier
ou Sergent aura esté immatriculé, afin de
le faire rayer du matricule. Et d'autant
qu'à l'occasion des presens troubles &
difficulté des chemins, il seroit mal-aisé

que lefdits Huiffiers ou Sergens peuffent
librement venir par deuers nous prendre
l'expedition de nofdites Lettres de permiffion : Nous, pour leur foulagement &
éuiter à frais, permettons aufdits Huiffiers & Sergens prendre lefdites Lettres
(fi bon leur femble) de noftre grand Seel,
ou de celuy de nos Chancelleries, efta-
blies, lez nos Parlemens, à leur choix &
option, lefquelles Lettres nous auons dés
à prefent validées & authorifées, validons
& authorifons : pour le Seau de chacune
defquelles, ordonnons toutefois eftre
feulement payé dix fols tournois. Et
neantmoins pour faire connoiftre aufdits
Huiffiers ou Sergens le defir qu'auons de
les gratifier, en confideration du prompt
fecours que receurons d'eux, en les ac-
commodant de ladite augmentation de
pouuoir, Permettons dés à prefent à ceux
defdits Huiffiers ou Sergens qui auront
leué leurs Lettres de permiffion fuiuant
noftre prefent Edict, refigner, fans payer
finance pour la premiere fois, leurs Offices auec ladite augmentation de pouuoir,
comme iointe à iceux, à telles perfonnes
capables qu'ils aduiferont : Et dauanta-
ge, pour recompenfer lefdits Sergens à

cheual de l'interest qu'ils pourroient pre-
tendre au moyen de la presente attribution de pouuoir : leur auons aussi permis
& permettons resigner pour la premiere
fois leursdits Offices à personnes capables, sans pour ce payer aucune Finance,
laquelle de grace speciale leur remettons
à quelque somme qu'elle se puisse mon-
ter, par cesdites presentes : Par lesquelles
donnons en mandement à nos amez &
feaux Conseilers, les Gens tenans nos
Cours de Parlemens, Baillifs, Seneschaux
& autres nos Iusticiers & Officiers qu'il
appartiendra, que cesdites presentes, ils
facent lire, publier & enregistrer, garder,
entretenir & obseruer, selon leur forme &
teneur, & du contenu, iouyr & vser pleinement & paisiblement, lesdits Huissiers
& Sergens, cessans & faisans cesser, tous
troubles & empeschemens au contraire :
le tout nonobstant oppositions ou appellations quelconques, & sans preiudice
d'icelles, desquelles auons retenu & re-
serué la connoissance, icelle interdisant
à toutes nos Cours de Parlemens & Iuges
quelconques : Car tel est nostre plaisir,
Nonobstant nostre-dit Edict du mois de
Iuin 1579. portant les reuocations susdi-

tes, faites à la pourſuite deſdits Sergens à
cheual, Arreſts donnez ſur la verification
& en conſequence d'icelles, tant en nos
Cours de Parlemens, qu'en noſtre Conſeil d'eſtat, en faueur deſdits Sergens à
cheual, & quelconques autres Edicts, Ordonnances, Mandemens, Defenſes & Lettres à ce contraires : Auſquelles, & aux
derogatoires des derogatoires y conte-
nuës, nous auons derogé & derogeons
par ceſdites preſentes. Et afin que ce ſoit
choſe ferme & ſtable à toujours, nous
auons à icelles, fait mettre noſtre Seel,
ſauf en autre choſe noſtre droict & l'autruy en toutes. DONNE' à Paris au mois
de Ianuier, l'an de grace 1586. & de noſtre
regne le douziéme. Signé, HENRY:
& plus bas, PINART. Et ſeellé du grand
Seel de cire verte, auec lacs de ſoye rouge
& verte. Et ſur ledit reply eſt écrit:

Leu, publié & regiſtré en la Cour de Parle-
ment, Ouy & conſentant le Procureur General,
le Roy y ſeant, le 16. Iuin, l'an 1586.
Signé, DEHEVEZ.

*Declaration du Roy , Portant confir-
mation & ampliation du pouuoir
attribué aux Huiſſiers & Sergens,
d'exploiter par tout le Royaume.*

LOVIS par la grace de Dieu Roy
de France & de Nauarre, A tous
ceux qui ces preſentes Lettres ver-
ront, Salut. Le feu Roy Henry III. que
Dieu abſolue, ayant par ſon Edict du mois
de Ianuier 1586. accordé à tous Huiſſiers
& Sergens le pouuoir d'exploicter par
tout le Royaume, tous Arreſts, Sentences, Obligations & Actes de Iuſtice, de
quelques Iuges & Iuriſdictions que ce
fuſt, tant ſouueraines, qu'inferieures, pour
éuiter les abus par eux commis dans la li-
berté qu'ils prenoient, d'y exploiter ſans
aucune permiſſion, dont s'eſtoit enſuiuy
de grandes plaintes & infinies fauſſetez &
procez entre nos ſujets, pour la caſſation
des exploicts qui eſtoient faits par leſdits
Huiſſiers & Sergens : ledit Edict n'ayant
eſté entierement executé : le feu Roy
Henry. IV. auroit par Arreſt dudit Con-

17. Juil-
let 1633.

ſeil du 27. Nouembre 1594. confirmé
ledit Edict, & fait continuer l'execution
d'iceluy iuſques en l'année 1610, qu'il
auroit eſté reuoqué par Declaration du
mois de Iuillet audit an. Mais comme de-
puis ledit temps la plus grande partie deſdits Huiſſiers & Sergens ſont decedez, &
d'autres ont vendu & diſpoſé de leurſdits
Offices, les meſmes plaintes arriuées de
toutes les Prouinces en noſtre Conſeil,
de ce que la pluſpart deſdits Huiſſiers &
Sergens, ſans pouuoir ny permiſſion, ou
ſous faux tiltre, exploitent impunément
par tout, qui donne lieu aux plaideurs
de faire les inſtances de faux, faire caſſer
des decrets & pluſieurs procedures, dont
nos ſujets ſont grandement foulez, Comme auſſi pluſieurs deſdits Huiſſiers & Sergens ſe preſentent, qui demandent &
requierent iouyr dudit benefice comme
leurs deuanciers, en payant la finance
moderée, à laquelle ils ſerõt taxez en noſtredit Conſeil: A CES CAVSES, ayant
fait mettre cét affaire en deliberation en
noſtre Conſeil, & fait repreſenter ledit
Edict d'ampliation de ladite année 1586.
Arreſt de noſtre Conſeil du 27. Nouembre 1594. Lettres de Declaration du 22.

Iuillet 1610. portant reuocation de plusieurs Edicts, entr'autres dudit Edict de
86. DE l'Aduis de nostre Conseil, où
estoient aucuns Princes de nostre sang,
& Officiers de nostre Couronne, & de nostre pleine puissance & authorité Royale,
Nous auons sans s'arrester à ladite Declaration du mois de Iuillet 1610. & Arrests donnez sur icelle, Dit, & declaré, di-
sons & declarons, voulons, ordonnons
& nous plaist, que ledit Edict du mois de
Ianuier 1586. & Arrest de nostre Conseil
du 27. Nouembre 1594. soient executez
selon leur forme & teneur, & ce faisant
que nos Huissiers & Sergens Royaux, exploitent doresnauant par tout nostre
Royaume, & mettent à execution toutes Lettres Patentes, Arrests, Iugemens,
Ordonnances, Commissions tant de nostre grande Chancellerie, & autres de ce
Royaume, Cours Souueraines, Iuges
du Tresor, Baillifs, Seneschaux ou leurs
Lieutenans, Presidiaux, Gouuerneurs
des Chancelleries, Preuosts, Chastelains,
Esleus, Grand Maistre des Eaux & Forests, Maistres particuliers d'icelles, leurs
Lieutenans, Grenetiers au Grenier à Sel,
que de nos autres Iusticiers & Officier

generalement quelconques, en ce qui
concernera le miniftere des Sergens ; le
tout conformément audit Edict & Arreft
de ladite année 1586. & 27. Nouembre
1594. mefmes à l'Arreft de noftre Confeil d'Eftat du 30. Iuillet dernier 1633.
En finançant toutefois par lefdits Huiffiers & Sergens, qui n'ont ledit pouuoir,
ou qui n'ont financé pour raifon d'iceluy, la taxe qui en fera fur ce faite en noftre dit Confeil. Et pour auoir connoif-
fance de ceux, qui feront fujets de prendre lefdites ampliations , tous lefdits
Huiffiers & Sergens Royaux, tant defdits Prefidiaux qu'autres Iurifdictions ordinaires & extraordinaires, Rapporteront
vn mois apres la publication des prefen-
tes, leurfdites Lettres de prouifion &
quittances de finance, par deuant les
Commiffaires qui feront deputez ou fub-
deleguez par les Prouinces, pour recon-
gnoiftre s'ils ont ledit pouuoir, à peine
de fufpenfion de leurs charges. Pour eftre
ceux qui fe trouueront auoir bien &
deuëmét obtenu ledit pouuoir, Côferuez
& maintenus en la iouiffance d'iceluy:
Et ceux qui trouueront n'auoit ledit pouuoir, feront contraints au payement de
ladite

ladite taxe : & iusques à ce, ne pourront exploicter, à peine de faux, & d'estre procedé contr'eux ainsi qu'il appartiendra.

SI DONNONS EN MANDEMENT à nostre tres-cher & feal, le sieur Seguier, Cheualier, Garde des Seaux de Frâce, de faire lire & publier le Seau tenant nostre presente Declaration, & icelle enregistrer és registres de l'Audience de la Grande Chancellerie, pour en iouïr par lesdits Huissiers & Sergens, pleinement paisiblement, sans souffrir ny permettre qu'il y soit contreuenu en quelque maniere que ce soit, nonobstant oppositions ou appellations quelconques, tous Edicts, Arrests, Declarations, & Lettres à ce contraires, ausquelles pour ce regard, nous auons derogé & derogeons par ces presentes, & desquelles oppositions ou appellations, nous reseruons la connoissance à nostredit Conseil, & icelle interdite, à toutes nos Cours & Iuges quelconques. Enioignons aux Substituts de nos Procureurs Generaux, Presidiaux, Bureaux de Finances, Baillifs, Seneschaux & autres Iustices Royales, de tenir la main à l'execution des presentes,

B

desquelles d'autant que l'on pourra auoir besoin en plusieurs & diuers lieux, nous voulons qu'à la copie deuëment collationnée par l'vn de nos amez & feaux Conseillers & Secretaires, foy soit adioustée comme à l'original : CAR tel est nostre plaisir. En témoin dequoy nous auons fait mettre nostre Seel à cesdites presentes, sauf en autre chose nostre droict & l'autruy en toutes. DONNÉ à Chantilly le dix-septiéme iour de Iuillet, l'an de grace mil six cens trente-trois, & de nostre regne le vingt quatriéme. Signé, LOVIS : & sur le reply, Par le Roy, DE LOMENIE. Et seellée du grand Seau de cire iaune, Et encor est écrit :

Leu, publié le Seau tenant, de l'Ordonnance de Monseigneur Seguier, Cheualier, Garde des Seaux de France, moy Conseiller du Roy en ses Conseils & Grand Audiencier de France present, & registré és registres de l'Audience de France : A Paris le vingt-septiéme Auril mil six cens trente-quatre. Signé, LIONNE.

Arrest du Conseil d'Estat confirmatif du pouuoir attribué aux Huissiers & Sergens d'Exploiter par tout le Royaume.

Extraict des Registres du Conseil d'Estat.

SVR la requeste presentée au Roy en son Conseil par Matthias Courgas, Sergent Royal aux Eaux & Forests du Comté de Baugency, que ayant sa Majesté par sa Declaration du 17. Iuillet 1633, donnée en consequence de l'Edict du mois de Ianuier 1586. attribué à tous Huissiers & Sergens le pouuoir d'exploiter & mettre à execution par tout le Royaume, tous Contracts, Obligations, Lettres Patentes, Arrests, Iugemens, Ordonnances, Commissions & autres actes emanez des Chancelleries, Cours Souueraines & Iuges Royaux, excepté le seellé du Chastelet de Paris, il auroit payé la taxe sur luy faite audit Conseil, pour iouyr dudit pouuoir, & obtenu Lettres de ladite ampliation, à l'enregistrement desF

16. May 1635.

quelles, la Communauté des Sergens du Bailliage d'Orleans s'eſtant oppoſée par Sentence du Bailly de ladite ville, ou ſon Lieutenant du 12. Fevrier dernier, renduë ſur ladite oppoſition, auroit eſté ordonné que leſdites Lettres d'ampliation ſeroiét regiſtrée au Greffe dudit Bailliage, & permis audit Suppliant, d'exploiter & mettre à execution par tout le Royaume, tous mandemens de ſon Iuge & non autre, Que ſi ladite Sentence auoit lieu, & le pouuoir d'exploicter par tout le Royaume, attribué aux Huiſſiers & Sergens par leſdits Edict, Declaration & Arreſts donnez en conſequence, demeuroit reſtraint & limité pour les mandemens des Iuges des Iuriſdictions, eſquelles chacun d'eux eſt eſtably ſeulement, ladite attribution leur ſeroit infructueuſe, & leſdits Edict, Declaration & Arreſt dudit Conſeil, demeureroient ſans effect. Requeroit qu'il pleuſt à ſa Majeſté ſur ce luy pouruoir. VEV ladite requeſte. La Declaration de ſa Majeſté du 17. Iuillet 1633. portant pouuoir à tous Huiſſiers & Sergens d'exploicter & mettre à execution tous mandemens de Iuſtice par tout le Royaume. Quitrance de la ſomme de vingt-

cinq liures payée par ledit Courgas pour
iouïr dudit pouuoir, du premier iour
d'Aouſt 1634. controllée ledit iour. Les
lettres obtenuës par ledit Courgas, du 23.
dudit mois audit an, ſignées ſur le reply,
Par le Roy, Chouayne, & ſcellées, portãt
ledit pouuoir d'exploiter & mettre à execution les mandemens de toutes Cours &
Iuges,excepté le ſeellé du Chaſtelet de Paris. Requeſte preſentée par ledit Courgas
au Bailly d'Orleans ou ſon Lieutenãt, afin
de regiſtrement deſdites Lettres. Acte de
l'oppoſition du Syndic & Communauté
des Sergens Royaux du Bailliage d'Orleans, à l'enregiſtrement deſdites lettres.
Sentence dudit Bailly d'Orleans ou ſon
Lieutenant, du douzième Fevrier dernier, par laquelle il auroit ordonné que
les Lettres d'ampliation obtenuës par
ledit Courgas, ſeroient regiſtrées au
Greffe dudit Bailliage, & à luy permis
d'exploicter & mettre à execution par
tout le Royaume, tous mandemens de
ſon Iuge ſeulement, & non autres : &
ſur les Conclusions du Procureur de ſa
Majeſté audit Bailliage, que les Sergens
ayans obtenu Lettres d'ampliation, ſeroient tenus les rapporter, pour icelles

B iij

veuës & communiquées audit Procureur du Roy, estre ordonné ce que
de raison. Arrests dudit Conseil des 5.
Aoust 1633. & 21. Nouembre 1634. Et
tout consideré. Ouy le rapport du Com-
missaire à ce deputé : LE ROY EN
SON CONSEIL, sans auoir esgard
à la Sentence du Bailly d'Orleans ou son
Lieutenant, dudit 12. Feurier dernier, &
côformément ausdits Edict, Declaration
& Arrests dudit Conseil, A ordonné & or-
donne que ledit Courgas & autres Huissiers & Sergens qui auront payé leurs ta-
xes, & obtenu Lettres de sa Majesté pour
ladite ampliation, Exploicteront par tout
le Royaume, & mettront à execution
toutes Ordonnances & Mandemens, tant
de leurs Iuges, que de tous autres Iuges
Royaux, quels qu'ils soient, excepté le
seellé du Chastelet de Paris. Fait sa Majesté defences à la Communauté des Sergens du Bailliage d'Orleans & tous autres, d'y troubler & empescher ledit
Courgas & autres Huissiers & Sergens
des Eaux & Forests, & autres Iurisdictiôs
Royales, qui auront financé pour jouyr
dudit pouuoir, à peine de tous despens,
dommages & interests. Enjoinct sa Ma-

jesté, Audit Bailly d'Orleans, son Lieutenant, Iuges Presidiaux dudit lieu, &
tous autres Iuges, de faire jouyr lesdits
Huissiers & Sergens, de l'effect & contenu
ausdits Edict, Declaration & Arrests dudit Conseil, & proceder à l'enregistrement des Lettres d'ampliation qui leur
seront presentées par lesdits Huissiers &
Segens, sans aucune restrinction, nonobstant oppositions ou appellatiõs quelconques, faites & à faire, desquelles sa
Majesté s'est reseruée la connoissance en
sondit Conseil, & icelles interdite & de-
fenduë à toutes ses Cours & Iuges. FAIT
au Conseil d'Estat du Roy, tenu à Paris
le seiziéme iour de May mil six cens tren-
te-cinq. Signé, DE BORDEAVX.

*Collationné aux Originaux par moy
Conseiller Secretaire du Roy, & de
ses Finances.*

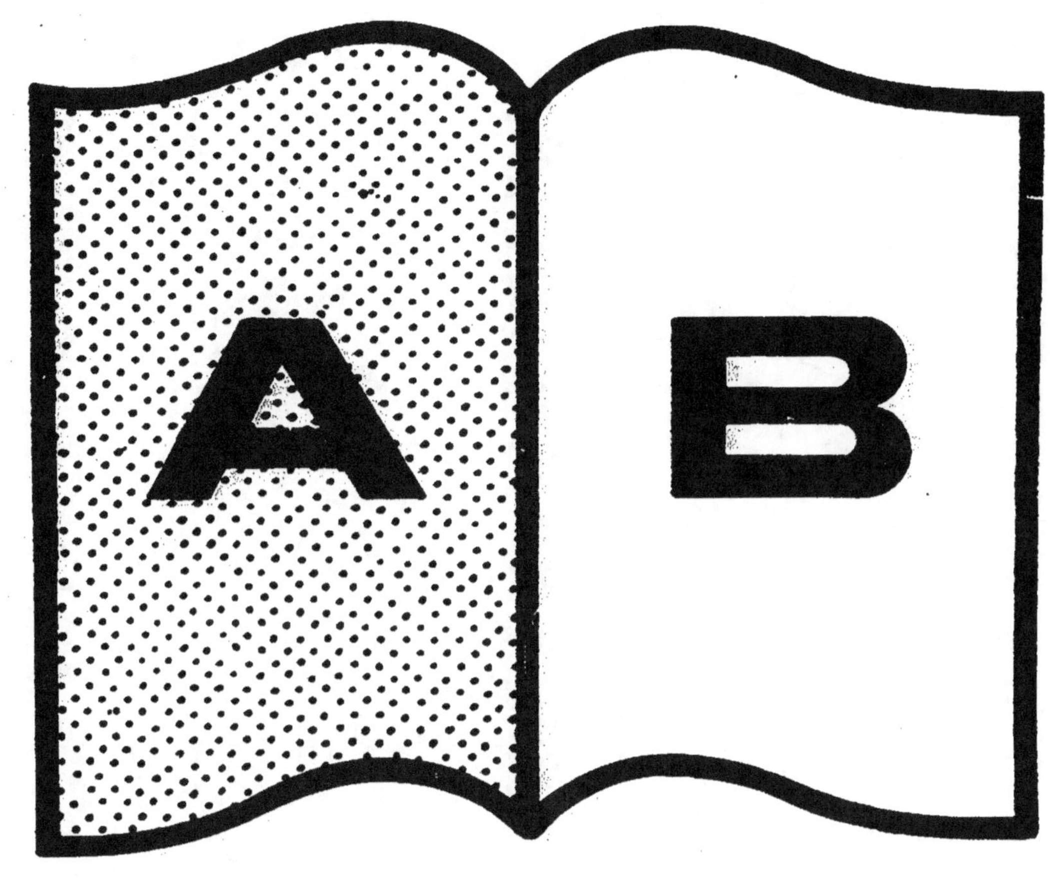

Contraste insuffisant

NF Z 43-120-14